AF264272

РОЗВИВАЙСЯ СМАЧНО

приготуй життя

Авторка Наталія Прокопчик
Художниця Анастасія Желік

NataWithKids
Лас-Вегас, Невада, США

Авторка
Наталія Прокопчик

Літературно-художнє видання

Розвивайся смачно. Приготуй життя
Літня книжка (книжка 3)
із серії «Розвивайся смачно»

ISBN: 978-1-971721-08-8

Перше видання, квітень 2026
Надруковано у Сполучених Штатах Америки

Ілюстрації та дизайн обкладинки — Анастасія Желік
Поетичні тексти — Наталія Мариняк і Тетяна Небесна
Літературний редактор — Тетяна Небесна
Верстка — Олександр Дубасов

Видано NataWithKids LLC
Лас-Вегас, Невада

www.natawithkids.com

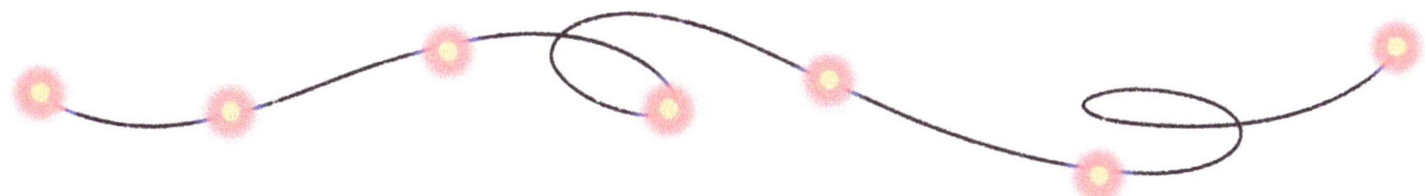

ЦЯ КНИЖКА НАЛЕЖИТЬ

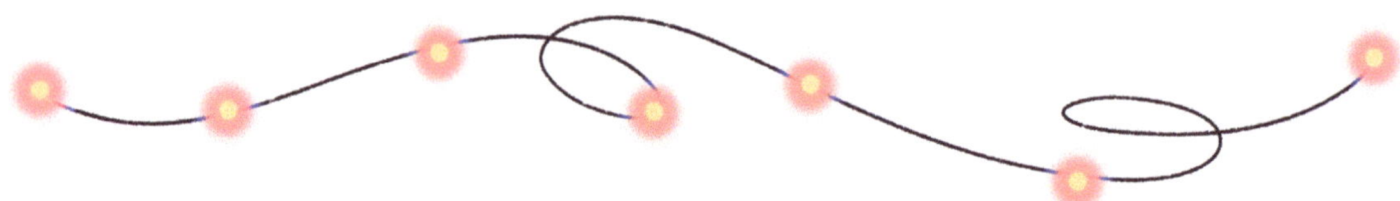

Присвячується дитинству і внутрішній дитині кожного з нас — відкритій, допитливій, здатній дивуватися, знаходити щастя в простих речах, відчувати, мріяти і просто бути.

Зміст

Панкейк-пиріг у духовці 10

Полунична галета 16

Рогалики з вишнями 28

Фруктово-ягідний пиріг 32

Піца в лаваші на сніданок 44

Святковий торт 46

Кабачкові вафлі 54

Брауні з цукіні 56

Морозиво 60

Смузі 64

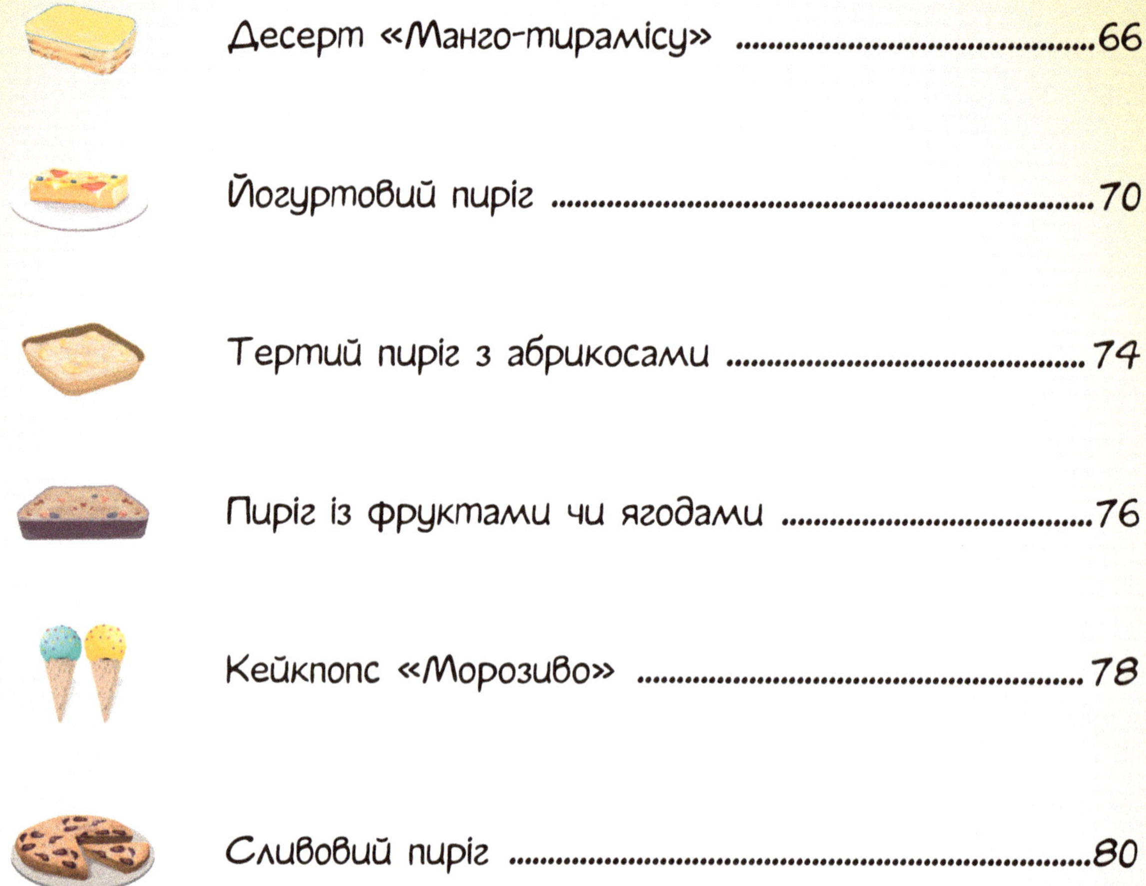

Десерт «Манго-тирамісу» 66

Йогуртовий пиріг 70

Тертий пиріг з абрикосами 74

Пиріг із фруктами чи ягодами 76

Кейкпопс «Морозиво» 78

Сливовий пиріг 80

⭐ А також 45 ілюстрованих сторінок із віршами, загадками, темами для розмов, запитаннями для роздумів, лабіринтами та іншими творчими завданнями.

⭐ Батьківські сторінки для спільних роздумів про виховання.

Тато Ведмідь, мама Ведмедиця, Лілі й Тоббі вже почали смакувати своє літо.
Попереду багато цікавих спостережень і відкриттів.
Гайда разом з ними в літо!

Для приготування страв за рецептами із цієї книжки
нам знадобляться такі кухонні помічники:

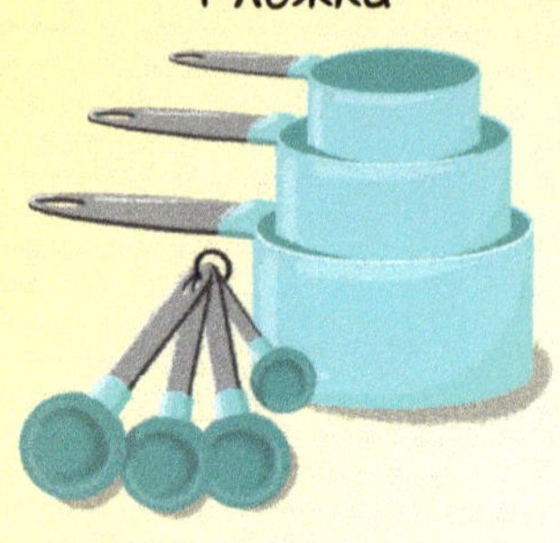

мірні чашки
і ложки

ваги
електронні

Кожен, мабуть, знає з вас
Про кухонний цей девайс.
Щоби тісто розкачати,
Слід її до рук нам взяти.

Господині виручалка —
Дерев'яна це…

КАЧАЛКА!

ківшик для розтоплення
шоколаду

кондитерський
мішок

сито

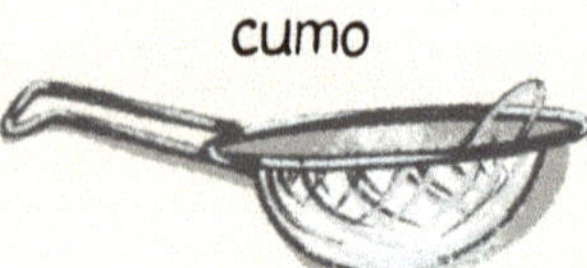

качалка

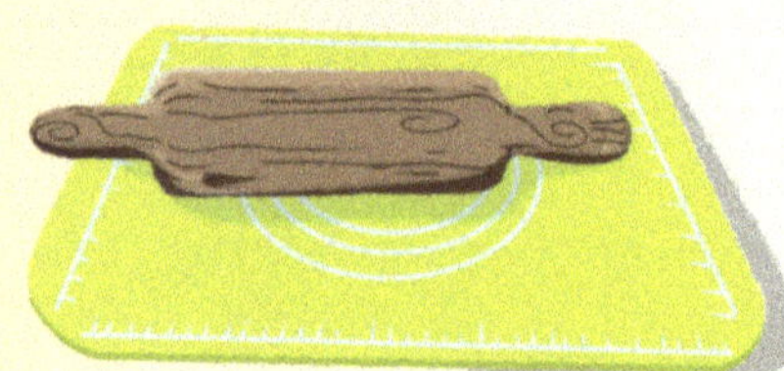

силіконовий килимок

пензлик для
змащування

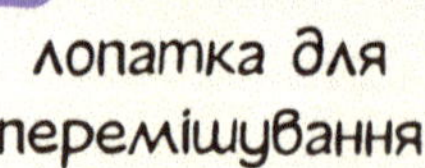

лопатка для
перемішування

прихватки

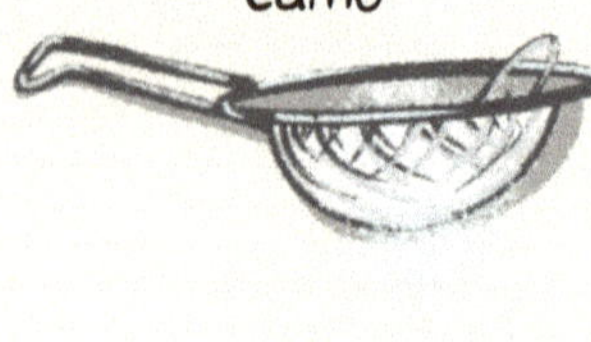

креманки для
морозива

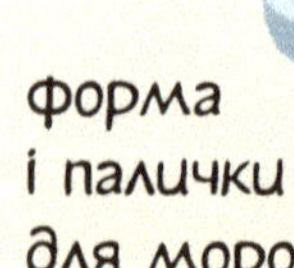

форма
і палички
для морозива

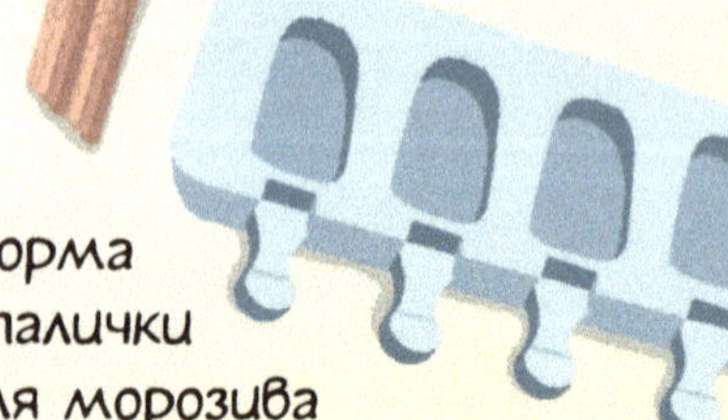

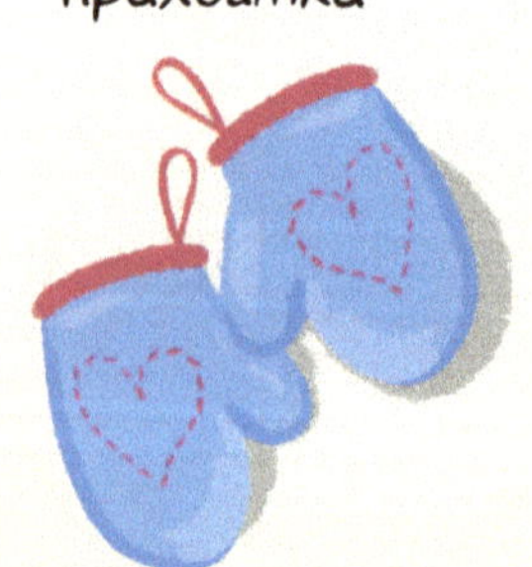

склянки для смузі

тертка

ручний міксер

Вдалося відгадати загадки? Спробуй придумати свою,
і хай хтось із твоєї сім'ї її відгадає!

блендер

деко

вирубки для печива

папір для випікання

занурювальний блендер

вафельниця

квадратна форма

Ця з тканини рукавичка
Чи серветка невеличка
Тут навіщо, хто підкаже?
Береже долоньки наші!
За гаряче щоб хапатись
І при цім не обпікатись.

Часто є на ній малюнки
Й симпатичні візерунки.
Веселіша кожна хатка,
Коли в кухні є…

ПРИХВАТКА!

роз'ємна кругла
форма

форма для кексів

форма для пирога

харчова плівка

паперові
вкладки

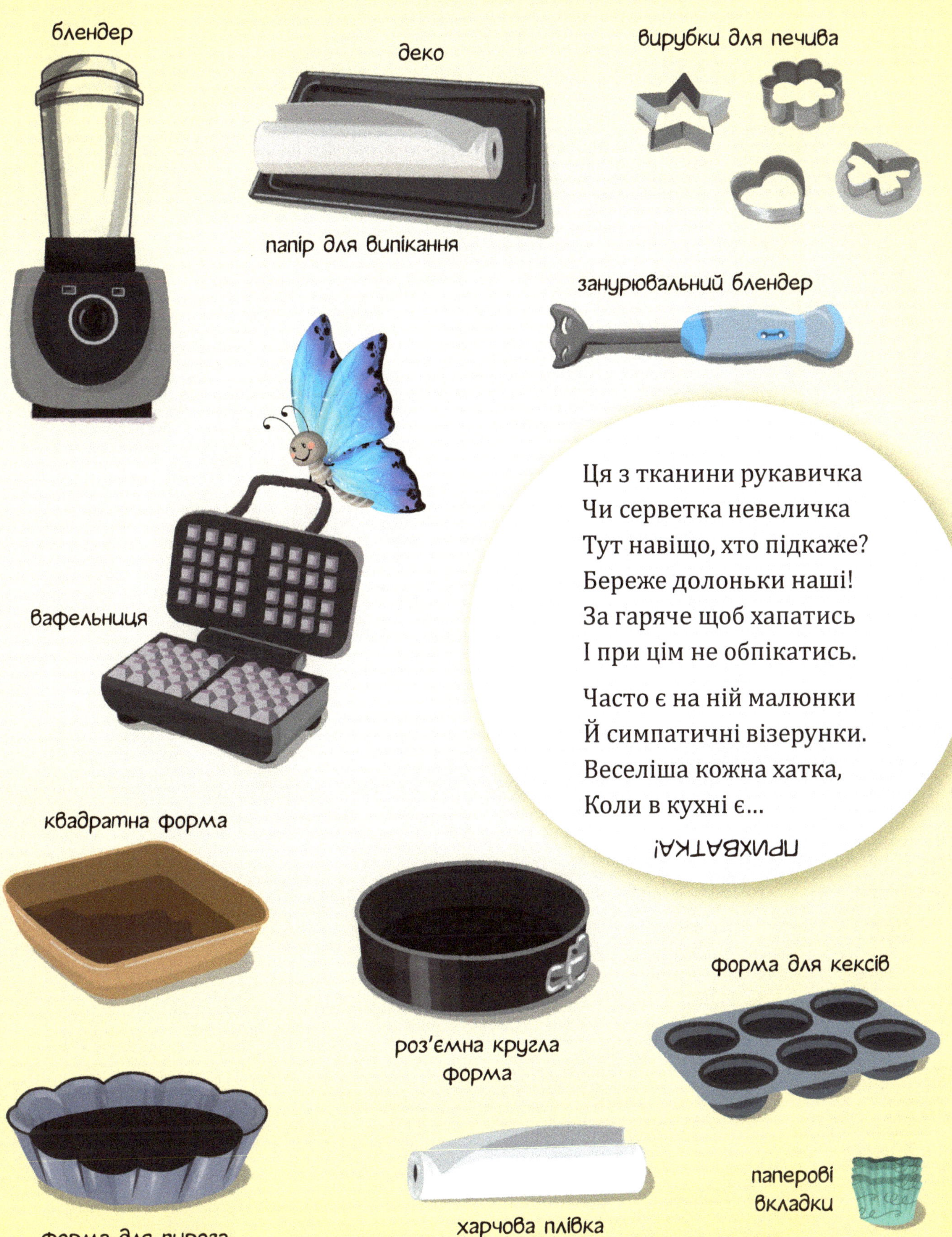

Панкейк-пиріг у духовці

Інгредієнти:

- борошно — 1 + 1/2 чашки

- розпушувач — 1 столова ложка

- цукор або еритритол — 1/4 чашки

- дрібка солі

- 1 яйце

- молоко — 1 + 1/4 чашки

- рослинна олія — 1/4 чашки

- ягоди або фрукти
  для оздоблення
  (полуниця, банан, чорниця,
  шоколадні краплі тощо)

Творчий процес

1 Умикаємо духовку на 220°C (425°F). Застеляємо середнє деко пергаментом.

2 У середній мисці змішуємо сухі інгредієнти.

3 У маленькій мисці виделкою збиваємо решту складників. Виливаємо в борошняну суміш.

4 Перемішуємо ложкою (тісто буде густеньке і трохи грудкувате).

5 Заповнюємо тістом деко і прикрашаємо шматочками фруктів, ягодами і краплями шоколаду.

6 Випікаємо 15–20 хвилин, поки краї не стануть рум'яними. Перевіряємо готовність зубочисткою.

7 Даємо вистигнути, нарізаємо на шматочки і смакуємо.

Можна просто мити посуд, а можна мити й уявляти,
як світ навколо стає чистішим і добрішим...

ЛІЧИЛКА

Раз, два, три, чотири, п'ять –
Фартушки час надягать!

Лиш поїли – до роботи!
Любить посуд наш турботу.

Не лінуйся! Раз, два, три –
Вимий посуд і протри!

Чашки й блюдця стали в ряд –
Всі чистенькі, аж риплять.

І ложки́, й виделки сяють,
Частування знов чекають.

Три, чотири, п'ять і шість –
Кожен бажаний в нас гість!

Лілі й Тоббі готуються до чаювання з пирогом.
Допоможімо їм накрити стіл: одночасно обома руками «візьмемо» потрібні предмети.
Вказуй на однакові предмети двома руками одночасно.

Соловей співа всю нічку,
Вабить діток тепла річка,
Хтось мандрує у природі,
Хтось працює на городі.

У садочку, в полі, в гаї
Все росте і достигає,
Щедро сонечком зігріте.
Пору цю звемо ми…

Рослинки потребують
своєчасного поливу.
Ми теж постійно в чомусь
зростаємо, опановуємо нові
вміння. І важливо обирати,
що саме в житті «поливати»
своєю увагою та любов'ю.

Наше життя — як полунична грядка. Чогось ми вже навчилися, і це дало результат — стиглий плід. Щось поки лише квіточка, а щось — уже полуничка, але ще зелена… І хоч би як ми сердилися на зелену ягідку, це ніяк не допоможе їй швидше дозріти. Нам хочеться, аби вдавалося все й одразу, але природа вчить нас, що на все потрібен час.
Тож не поспішаймо, насолоджуймося процесом…

Полунична галета

Інгредієнти для тіста:

- цільнозернове борошно — 1/2 + 1/4 чашки
- кокосовий цукор чи монк фрут — 1 столова ложка
- сіль — 1/4 чайної ложки
- холодне масло — 4 столові ложки (~60 грамів)
- сметана — 3 чайні ложки

Інгредієнти для начинки:

- полуниця — ~200 грамів
- сир рікотта чи кисломолочний — 100 грамів
- цукор кокосовий — 2 столові ложки
- крохмаль — 1 столова ложка

Для змащування:

- сметана — 1 столова ложка

Творчий процес

1. У глибоку миску просіюємо борошно, додаємо цукор та сіль і перемішуємо.

2. Масло нарізаємо на шматочки і перетираємо з борошном на крихту.

3. Додаємо сметану і замішуємо тісто.

4. Загортаємо тісто в харчову плівку і кладемо в холодильник на 20–30 хвилин.

5. Готуємо начинку:
   - Миємо полуницю і нарізаємо, як подобається. Додаємо крохмаль, ложку цукру і перемішуємо.
   - В окремій мисочці змішуємо сир із ложкою цукру.

6. Умикаємо духовку на 190°C (375°F).

7. На силіконовому килимку чи пергаменті розкачуємо тісто в круг і змащуємо сиром, залишаючи краї.

8. На сир викладаємо полуницю і защипуємо краї, формуючи бортики.

9. Бортики змащуємо сметаною і посипаємо цукром.

10. Випікаємо 30–35 хвилин.

Іграшок багато маю
І про них з любов'ю дбаю.

Як свою закінчу гру,
Все складу і приберу.

Як панує лад в оселі,
Й діти, й іграшки веселі!

18

Коли кожна річ має своє місце,
легко знайти потрібне.
Переконаймося в цьому, знайшовши
ці предмети в ігровій кімнаті ведмедиків.

A B c d
2 + 2 =
34
56
78

Якщо уявити, що можна потрапити всередину цієї картинки, де б тобі хотілось опинитися? Ловитимеш рибу поряд із Лілі чи попливеш на каяку? А може, злетиш у небо пташкою чи станеш маяком? Нумо фантазувати!

Повчимося складати серветки у формі кораблика і створимо
особливий настрій для пікніка з друзями.

Через відчуття ми пізнаємо світ.

Зір, слух, смак, нюх і дотик
допомагають нам помічати,
розрізняти і розуміти те, що навколо.

Спробуй із заплющеними очима впізнати на дотик,
нюх, запах чи смак різні продукти.

В нас усередині живуть емоції. Це такі собі сигнали-
маячки, які допомагають нам зрозуміти себе.

Радість каже: у нас усе добре.
Сум підказує, що нам чогось бракує.
Злість може нагадати, що щось є важливим для нас
або що нам хочеться щось змінити.
Страх допомагає бути обережними.

А що ти відчуваєш просто зараз?

Природа буває різною: не лише спокійною і сонячною, а й похмурою, буряною, з вітрами й дощами, із громом та блискавкою... Для всього в ній є час і місце.

Чи змінюється «погода» всередині тебе? Якою вона буває?

Погляньмо, які смаколики звірята приготували для своїх татусів. Чий тато буде ласувати тортиком, а чий печивом? Кому дістанеться капкейк?

Рогалики з вишнями

Інгредієнти для тіста:

- сир кисломолочний (краще 5 %) — 180 грамів
- цільнозернове борошно — 110 грамів
- рисове борошно — 100 грамів
- 2 яйця
- мед — 50 грамів
- розпушувач — 1 чайна ложка
- рослинна олія — 2 столові ложки

Інгредієнти для начинки:

- вишня (без кісточок) — ~200 грамів
- крохмаль — 1 чайна ложка
- цукор — ~3 чайні ложки

Творчий процес

1. У чаші блендера змішуємо сир, яйця і мед (можна використати занурювальний блендер).

2. В окремій мисці просіюємо цільнозернове та рисове борошно, додаємо розпушувач і перемішуємо.

3. Поєднуємо сухі інгредієнти із сирною масою, вливаємо олію і замішуємо м'яке тісто.

4. Акуратно з'єднуємо інгредієнти для начинки.

5. Умикаємо духовку на 170°C (340°F).

6. Ділимо тісто на три рівні частини. Кожну частину розкачуємо в круглий пласт (~3 мм завтовшки).

7. Розрізаємо кожен круг на 6–8 рівних трикутників (як піцу).

8. На широкий край кожного трикутника кладемо кілька ягід вишні, акуратно закручуємо в рогалик і викладаємо на деко, застелене пергаментом.

9. Випікаємо 15–20 хвилин.

Смачного!

Чи доводилось тобі коли-небудь збирати малину просто з куща?

Знайдімо 10 відмінностей між двома малюнками.

Фруктово-ягідний пиріг

Інгредієнти для тіста:

- борошно цільнозернове — 2 чашки
- цукрова пудра — 1/2 чашки
- розпушувач — 1 чайна ложка
- холодне масло — 7 столових ложок (100 грамів)
- 1 яйце
- крижана вода — 2 столові ложки

Інгредієнти для начинки:

- улюблені ягоди та фрукти — ~3 чашки нарізаних
- крохмаль — 2 столові ложки
- коричневий цукор — за смаком

Творчий процес

1. У глибоку миску просіюємо борошно, розпушувач, цукрову пудру і перемішуємо.

2. Ріжемо масло кубиками і перетираємо з борошняною сумішшю на крихту.

3. Додаємо яйце, воду і замішуємо тісто. Загортаємо в плівку і кладемо в холодильник.

4. Тим часом миємо, просушуємо та нарізаємо фрукти. Змішуємо з ягодами, цукром і крохмалем.

5. Умикаємо духовку на 200°C (390°F).

6. Дістаємо тісто з холодильника, відділяємо невелику частину для оздоблення пирога та відкладаємо її вбік.

7. Розкачуємо тісто в круг більшого розміру, ніж форма для пирога (для бортиків), і вкладаємо в форму. Заповнюємо начинкою.

8. Розкачуємо залишок тіста і вирізаємо прикраси для пирога.

 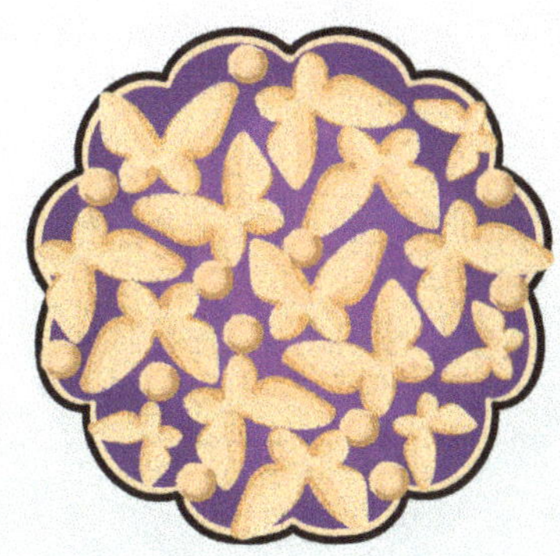 

9. Випікаємо приблизно 40 хвилин до готовності.

10. Дістаємо з духовки, даємо охолонути.

Смачного!

camping
34

Кемпінг і риболовля надихнули ведмежат прикрасити капкейки
в цікавий спосіб. Ти теж можеш створити щось особливе!

Спробуй знайти ці предмети в кухні Лілі й Тоббі. Які з них є у твоїй кухні? Як гадаєш, що із цього не знадобиться для приготування і декорування капкейків?

Їжа по-різному впливає на те, як ми почуваємося.

Як гадаєш, що в цих баночках? Чого тобі сьогодні хочеться на обід?

38

Цікаво, чим обідатимуть ведмеді? Спробуй це з'ясувати.
Яку тарілочку обрав / обрала би ти?

Овочі — це не лише корисно і смачно.
Це ще й чудовий матеріал для творчості!

40

Стільки щастя в тому, аби зупинитись і якийсь час просто споглядати небо!

Маленькі зупинки роблять життя більш наповненим. Знайди час потримати
в руках жука сонечко, полежати в гамаку, походити босоніж по росі…

Піца в лаваші на сніданок

Інгредієнти:

- 1 круглий лаваш
- 2–3 яйця
- дрібка солі та перцю
- кисломолочний сир — 2 столові ложки
- тертий сир — 50–70 грамів
- зелень (шпинат, кріп або петрушка)
- помідор — 1 невеликий або кілька чері
- болгарський перець, кукурудза, шинка (за бажанням)
- рослинна олія — 1 чайна ложка

Творчий процес

1. Розігріваємо духовку до 180°C (355°F).

2. Круглу форму для запікання змащуємо олією і застеляємо лавашем.

3. Просто на лаваш розбиваємо яйця, солимо, перчимо й розмішуємо виделкою.

4. Викладаємо кисломолочний сир, шматочки помідора, зелень та інші інгредієнти за бажанням. Злегка перемішуємо. Посипаємо тертим сиром.

5. Випікаємо 12–15 хвилин — поки яйця не схопляться, а сир не підрум'яниться.

6. Нарізаємо шматочками, як піцу.

Смачного!

Святковий торт

Приготування бісквітного коржа

1 Збиваємо до пишної маси 4 яйця, дрібку солі та 155 грамів цукру.

2 В сито відміряємо 155 грамів борошна, 3 столові ложки крохмалю і 1 + 1/2 чайної ложки розпушувача. Просіюємо частинами в яєчну масу і перемішуємо лопаткою рухами зверху вниз.

3 Вливаємо 50 мілілітрів окропу і 40 мілілітрів олії і повільно перемішуємо.

4 Випікаємо 35–40 хвилин в розігрітій до 180°C (355°F) духовці. Готовність перевіряємо шпажкою.

Збираємо торт

1 Миємо полуницю і нарізаємо кубиками чи кружечками.

2 Розрізаємо охолоджений бісквіт на 2–3 коржі.

3 Змащуємо корж йогуртом, викладаємо ягоди, накриваємо наступним, повторюємо.

4 Прикрашаємо в улюблений спосіб.

Цього разу Тоббі святкує свій день народження на лісовій галявині
в колі родини і друзів.
А коли твій день народження? Розкажи про його святкування.
Чи є в тебе особлива традиція?

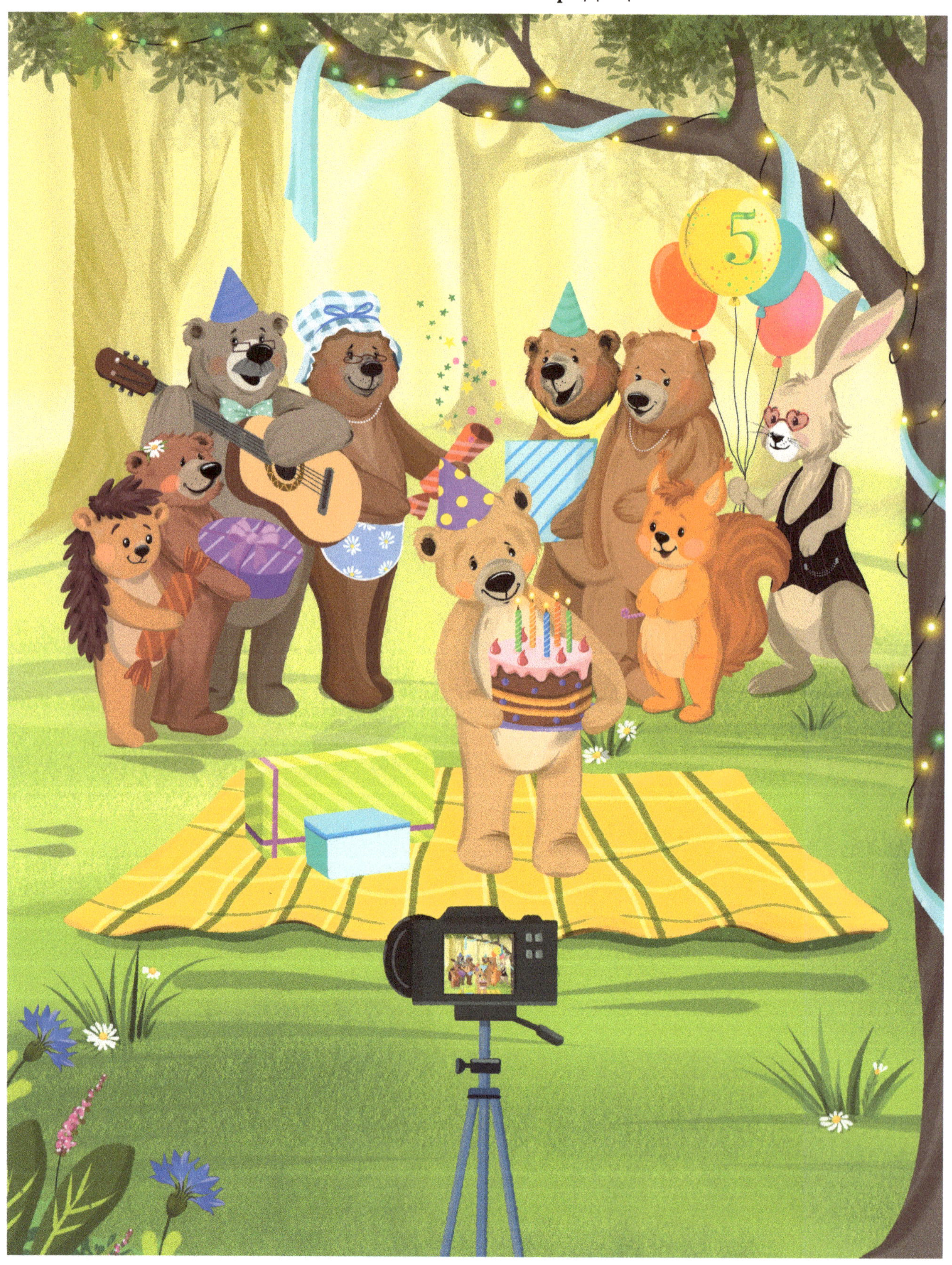

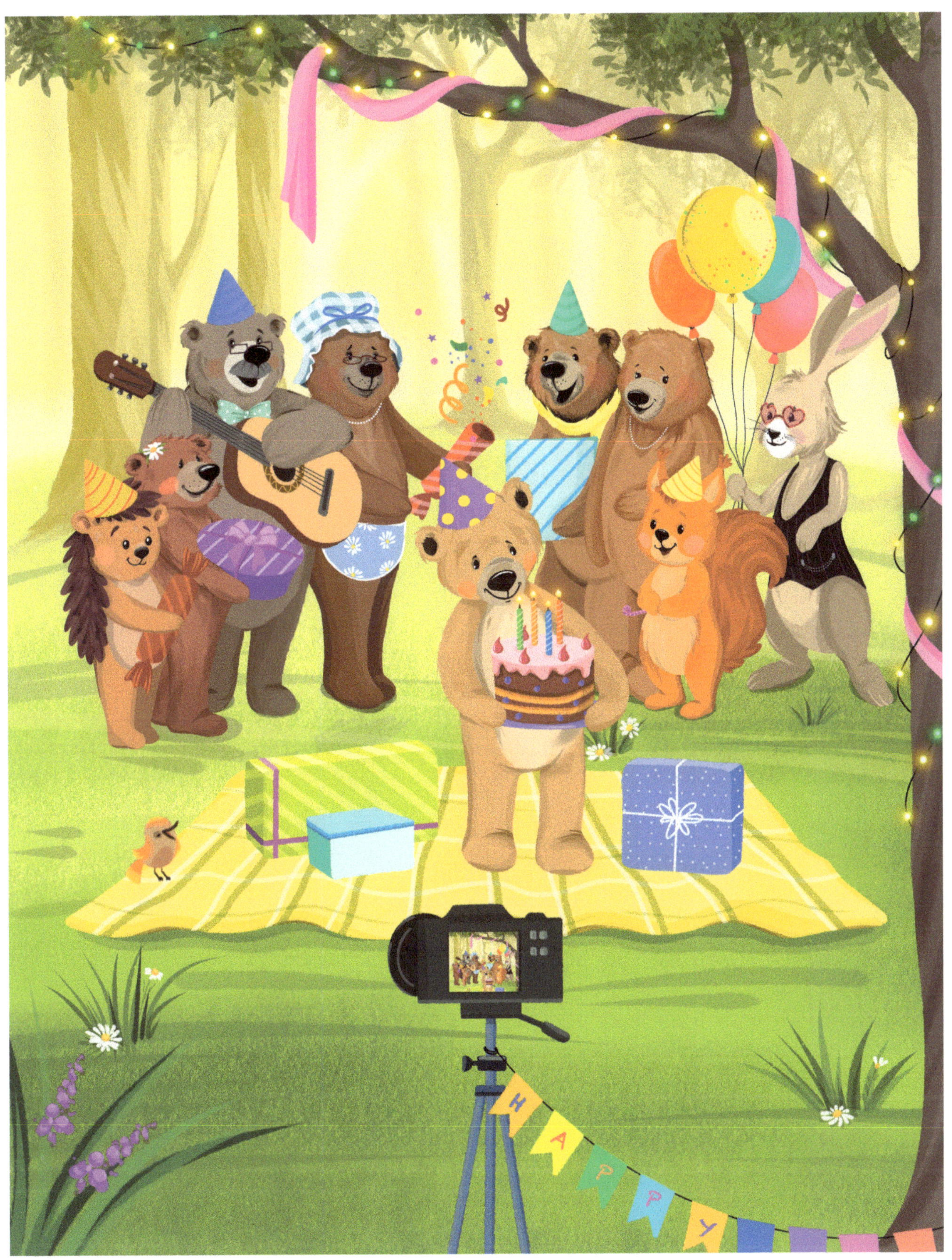

Так важливо дбайливо ставитись до природи і залишати галявину після відпочинку чистою. Так ми проявляємо любов до себе та до інших. Розкажи, в якій послідовності відбувалися події.

Використовуючи камінчики або ігрові фішки,
знайдімо пари однакових предметів.
Підказка: тут є один предмет без пари.

Його бабуся варить влітку,
Щоб смакували взимку дітки,
З вишень (авжеж, без кісточок),
Із абрикосів та сливок,

Ще зі смородини й малини,
Із полуниці та ожини,
А часом навіть з апельсинів,
Із ківі, гарбуза і дині...

В бабусі завжди є натхнення
Для онучат варить... ВАРЕННЯ.

Як гадаєш, що бабуся й ведмежата зварять із цих ягід та фруктів: теж варення чи, може, компот? Спробуй назвати все, що бачиш у каструлі.

Кабачкові вафлі

Інгредієнти:

- 1 кабачок
- 1 середня морквина
- 2 яйця
- борошно рисове — 3–4 столові ложки
- тертий сир — 2–3 столові ложки
- олія оливкова або гхі — 1 столова ложка
- дрібка солі
- зелень за смаком
- дрібка куркуми

Творчий процес

1 Миємо і натираємо кабачок і моркву.

2 Додаємо яйця, борошно, сир, олію, спеції та зелень. Перемішуємо, залишаємо на 5 хвилин.

3 Розігріваємо вафельницю, змащуємо. Викладаємо тісто, випікаємо 5–7 хвилин, до рум'яної скоринки.

Смакують із вершковим сиром, шматочком копченої червоної рибки й авокадо.

Брауні з цукіні

Інгредієнти:

- борошно — 1 чашка
- какао — 1/2 чашки
- сода — 1 чайна ложка
- сіль — 1/2 чайної ложки
- 2 яйця кімнатної температури
- вершкове масло (розтоплене й охолоджене) — 1/4 чашки
- олія — 1/4 чашки
- цукор — 1/2 + 1/4 чашки
- ванільний екстракт — 1 чайна ложка
- тертий цукіні — 1 + 1/2 чашки
- шоколадні краплі — 1/2 чашки

Творчий процес

1 Миємо цукіні й натираємо на тертці.

2 Умикаємо духовку на 175°C (350°F).

3 У середню миску просіюємо борошно, додаємо какао, соду і сіль. Все перемішуємо.

4 У великій мисці злегка збиваємо яйця. Додаємо розтоплене масло, олію, ванільний екстракт і цукор. Перемішуємо до однорідності.

5 Всипаємо в отриману масу сухі інгредієнти й злегка перемішуємо.

6 Додаємо тертий цукіні й шоколадні краплі. Перемішуємо.

7 Наповнюємо тістом невелику квадратну форму для брауні.

8 Випікаємо 35–40 хвилин.

9 Дістаємо з духовки і даємо охолонути. Нарізаємо.

Смачного!

Щодня ми щось обираємо, ухвалюємо певні рішення: що вдягнути, чим зайнятися, що приготувати... І ця здатність — обирати — велика цінність. Уяви, що ти — пілот і можеш вирішувати, куди посадити свій літак. Що ти обереш?

Ведмежа сім'я прилетіла
на острів. Попереду
чекають нові відкриття!

А тобі подобається
подорожувати?

59

Морозиво

Інгредієнти для основи морозива:

- стиглі банани — 2–3 штуки
- грецький йогурт — 100–150 грамів
- трохи ванілі (за бажання)
- мед або фініковий сироп (за бажання)

Для бананово-полуничного морозива:

- полуниця — 1 чашка (свіжа або заморожена)

Для бананово-шоколадного морозива:

- порошок какао — 1–2 чайні ложки

Творчий процес

1. Очищуємо банани, нарізаємо кружечками і заморожуємо (на 2–3 години або на ніч).

2. Збиваємо заморожені банани разом з інгредієнтами основи до однорідності.

3. Додаємо обраний смак (полуницю або какао) і ще раз збиваємо.

4. Дегустуємо і, за бажання, підсолоджуємо.

Можна їсти одразу, як м'яке морозиво, або розкласти у формочки і заморозити ще приблизно на 4 години.

Стоячи на березі й пірнаючи у воду, ми бачимо і відчуваємо світ по-різному.
Де на цій картинці тобі хочеться опинитися? Що ти хочеш відчути?
62

Смузі

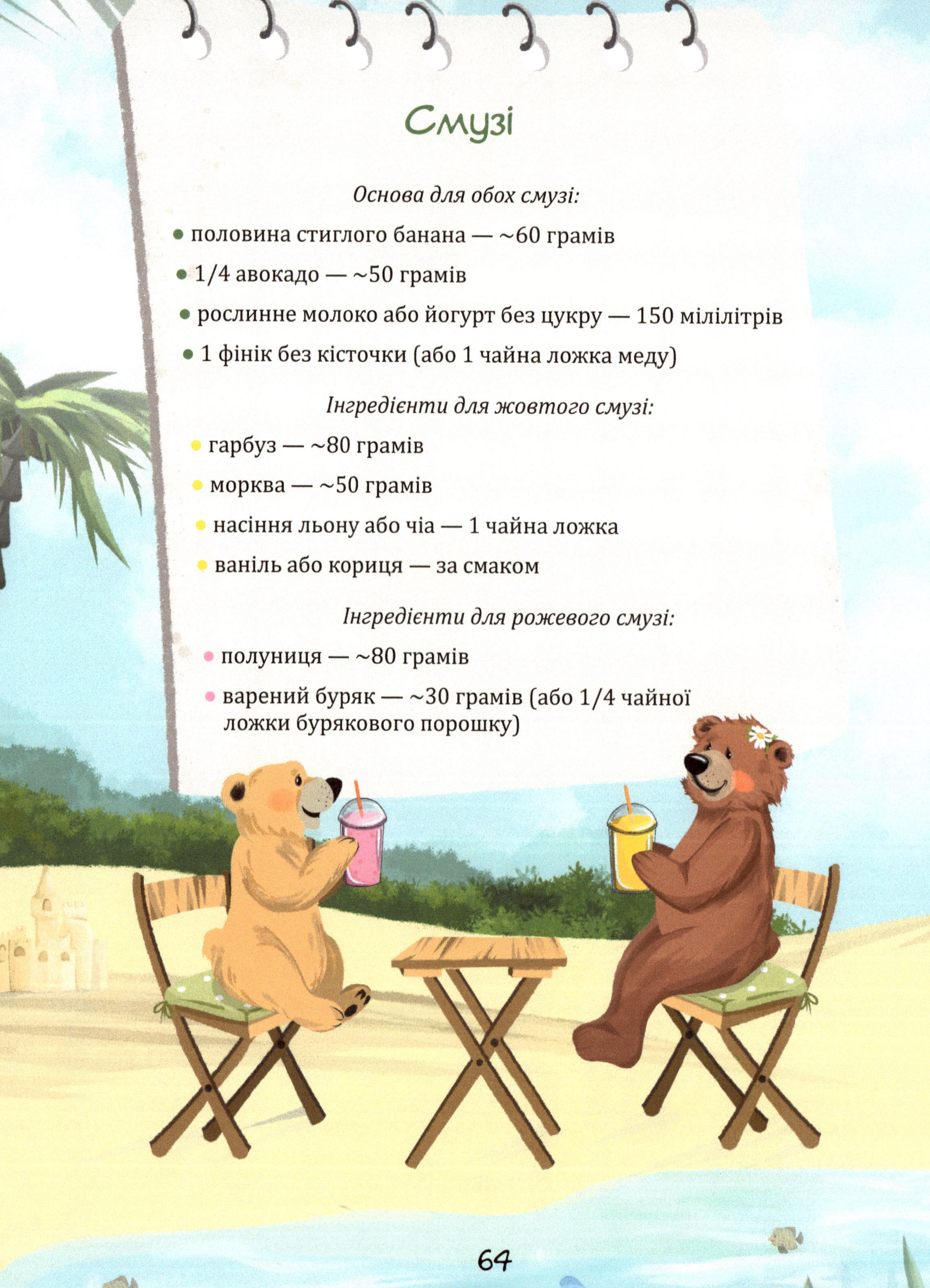

Основа для обох смузі:

- половина стиглого банана — ~60 грамів

- 1/4 авокадо — ~50 грамів

- рослинне молоко або йогурт без цукру — 150 мілілітрів

- 1 фінік без кісточки (або 1 чайна ложка меду)

Інгредієнти для жовтого смузі:

- гарбуз — ~80 грамів

- морква — ~50 грамів

- насіння льону або чіа — 1 чайна ложка

- ваніль або кориця — за смаком

Інгредієнти для рожевого смузі:

- полуниця — ~80 грамів

- варений буряк — ~30 грамів (або 1/4 чайної ложки бурякового порошку)

Творчий процес

1 Миємо фрукти та овочі, за потреби очищуємо
   від шкірки та нарізаємо шматочками.

2 Відміряємо всі інгредієнти в чашу блендера.

3 Збиваємо до однорідності.

4 Дегустуємо смузі й за потреби додаємо трохи
   рідини для бажаної густоти.

5 Наповнюємо склянки або маленькі баночки.
   П'ємо через трубочку або їмо ложечкою.

Смачного!

Десерт «Манго-тирамісу»

Інгредієнти:

- печиво савоярді — 1 паковання
- сік — 2 чашки
- 2–3 манго
- крем-сир — 250 грамів
- кокосове згущене молоко — 1 банка
- кокосові вершки — 1/2 чашки

Творчий процес

1. Збиваємо крем-сир і згущене кокосове молоко (для більш ніжної консистенції можна додати збиті вершки й акуратно перемішати).

2. Манго очищуємо та нарізаємо шматочками.

3. Печиво швидко занурюємо в сік на 1–2 секунди і викладаємо шаром на низ форми.

4. Поверх паличок намащуємо крем і викладаємо порізане манго. Повторюємо 2–3 рази. Завершуємо кремом і шматочками манго зверху.

5. Кладемо в холодильник мінімум на 4 години (краще на ніч).

Смачного!

Чи доводилося тобі ласувати екзотичними фруктами і ягодами? Роздивися їх уважно. Що з цього ти вже знаєш на смак, а що цікаво було б скуштувати?

Спробуй одночасно обома руками «взяти» однакові фрукти та ягоди
і покласти на тарілочки для себе і для того, кого хочеш пригостити.
З ким ти поділишся?

Ліва рука
Права рука

Йогуртовий пиріг

Інгредієнти:

- грецький йогурт — 2 чашки
- 4 яйця
- кленовий сироп або мед — 1/4 чашки
- ванільний екстракт — 1 чайна ложка
- кукурудзяний або тапіоковий крохмаль — 3 столові ложки
- ягоди — 1 + 1/2 чашки

Творчий процес

1. Умикаємо духовку на 180°C (355°F).

2. Застеляємо пергаментом квадратну форму.

3. У великій мисці змішуємо йогурт, яйця, сироп і ваніль. Усе збиваємо вінчиком.

4. Додаємо крохмаль і перемішуємо, щоб не було грудочок.

5. Наповнюємо тістом форму і зверху посипаємо ягодами.

6. Випікаємо 45 хвилин — поки середина не стане пружною.

7. Даємо вистигнути й нарізаємо на квадратики. За бажання можна додатково полити сиропом.

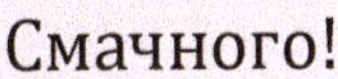
Смачного!

У сорочечці зеленій,
Ніби листячко у кленів,
Дозріває в дні гарячі
На баштані диво-м'ячик.

М'якоть в нього червоненька,
А насіннячко чорненьке.
Повен вщерть солодким соком,
Зблискує смугастим боком...
Хто зелений цей пустун?
Здогадалися?

Розляглася на баштані
Соковита жовта пані.
Мов кавунчик, круглобока,
І солодка теж ніроку.

Хто ж ця пані-господиня?
Запашна медова...

Він, мов сонечко маленьке,
Помаранчево-жовтенький,
Джем, варення і компот
З нього всім смакує, от!

Вабить також бджіл і ос
Ароматний...
АБРИКОС.

Що як абрикос завбільшки
І на нього схоже трішки,
Та гладеньку шкірку має
І пізніше дозріває?

В листі зблискує звабливо
Соковита стигла...
СЛИВА.

Тертий пиріг з абрикосами

Інгредієнти:

- м'яке масло — 8 столових ложок (113 грамів)
- борошно — 2 чашки
- розпушувач — 1 чайна ложка
- цукор — 1/2 + 1/4 чашки
- 2 яйця
- ванільний екстракт — 1 чайна ложка
- цедра 1 лимона
- абрикоси для начинки — ~10 штук

Творчий процес

1. Змащуємо маслом квадратну форму для пирога.

2. У глибоку миску просіюємо борошно. Додаємо розпушувач та цукор і перемішуємо.

3. Холодне масло нарізаємо шматочками і перетираємо з борошном на крихту.

4. Розбиваємо яйця, вливаємо ванільний екстракт, натираємо цедру лимона і замішуємо тісто. Ділимо його на 3 частини. Одну частину загортаємо в харчову плівку і кладемо в морозилку.

5. Умикаємо духовку на 190°C (375°F).

6. Двома частинами тіста викладаємо дно форми, розрівнюємо пальчиками.

7. Миємо абрикоси, видаляємо кісточки, нарізаємо або викладаємо на тісто половинками.

8. Дістаємо з морозилки тісто і натираємо на крупній тертці поверх начинки.

9. Випікаємо 50–60 хвилин.

Смачного!

Пиріг із фруктами чи ягодами

Інгредієнти:

- вершкове масло — 1/2 чашки
- цукор чи замінник цукру — 1/2 + 1/4 чашки
- борошно — 1 чашка
- розпушувач тіста — 1 чайна ложка
- 2 яйця
- дрібка солі
- фрукти чи ягоди для начинки

Творчий процес

1 У глибокій мисці збиваємо міксером масло і цукор (до світлого кольору).

2 Продовжуючи збивати, по черзі додаємо яйця.

3 Просіюємо борошно і розпушувач, додаємо сіль і ретельно перемішуємо.

4 Наповнюємо форму для пирога, застелену пергаментом.

5 Вмикаємо духовку на 180°C (355°F).

6 Нарізаємо шматочками помиті фрукти чи ягоди (якщо потрібно) і викладаємо на тісто.

7 Випікаємо 45–50 хвилин.

Кейкпопс «Морозиво»

Інгредієнти:

- бісквітний корж
  (за рецептом зі с. 46)

- згущене молоко / варення /
  крем-сир / ганаш / горіхова
  паста

- шоколадна глазур жовтого
  і блакитного кольорів

- вафельний ріжок або паличка
  для кейкпопсів

- посипка

Творчий процес

1 Подрібнюємо ванільний чи шоколадний бісквіт.

2 Додаємо (на вибір) згущене молоко або варення,
  або крем-сир, або ганаш і замішуємо «тісто».

3 Скочуємо з отриманої маси кульки і ставимо в холодильник
  на пів години.

4 У розтоплений шоколад умочаємо краєчок вафельного ріжка
  і прикріплюємо на шоколад кульку. Даємо застигнути.

5 Умочаємо всю кульку в шоколад, тримаючи за ріжок.

6 Посипаємо посипкою, поки шоколад не застиг.

У якій послідовності їжачок готував святкове печиво «З Україною в серці»?

Сливовий пиріг

Інгредієнти:

- масло — 6 столових ложок
- темно-коричневий цукор — 2/3 чашки
- рідкий мед — 2 столові ложки
- 1 яйце
- мигдалевий екстракт — 1 чайна ложка
- ванільний екстракт — 1 чайна ложка
- сіль — 1/4 чайної ложки
- розпушувач — 1/2 чайної ложки
- мигдалеве борошно — 1 чашка
- цільнозернове борошно — 1/2 + 1/4 чашки
- 3–4 великі круглі сливи

Творчий процес

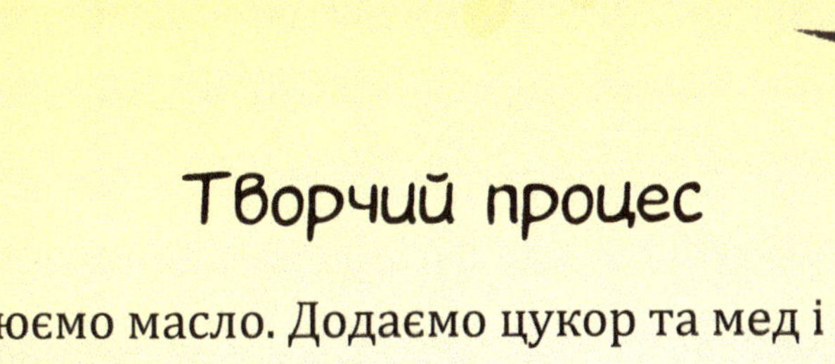

1. Розтоплюємо масло. Додаємо цукор та мед і добре перемішуємо.

2. Додаємо яйце, екстракти, сіль і змішуємо до однорідності.

3. Просіюємо борошно й розпушувач і перемішуємо.

4. Наповнюємо тістом круглу роз'ємну форму (діаметр — 20 см) або 2 менші.

5. Умикаємо духовку на 180°C (355°F).

6. Сливи миємо, розрізаємо, дістаємо кісточки і нарізаємо «півмісяцями». Викладаємо поверх тіста.

7. Випікаємо 40–50 хвилин. Охолоджуємо (пиріг буде вологим, поки не охолоне).

Смачного!

Захід сонця влітку особливо прекрасний.
Щовечора на небі розгортається
нова неймовірна картина Великого
Художника — Творця.

Знайдімо на малюнках однакові силуети ведмежої сім'ї.
А ще — можливість насолодитися заходом сонця. 🙂

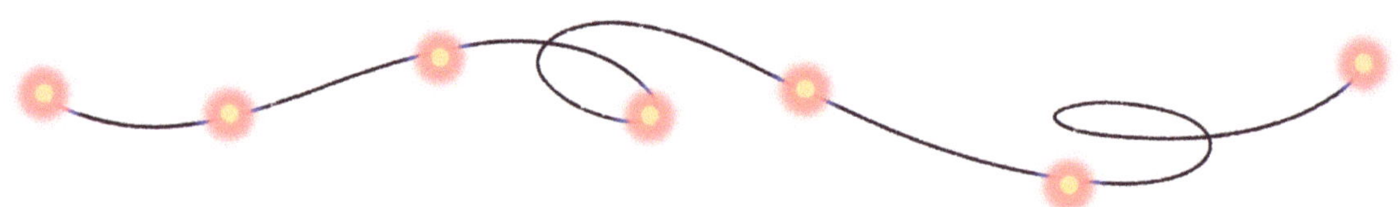

СТОРІНКИ ДЛЯ БАТЬКІВ

Любі мами й тата маленьких читачів і читачок, знову радію нашій зустрічі! 🙂

У ваших руках літня книжка — частина серії, у якій прості кулінарні дії дають привід бути разом, ставати ближчими, розмовляти, пробувати, не боятись помилятися й відкривати нове.

Літо — це час, коли життя ніби виходить назовні. Хочеться більше руху, більше простору, більше свободи… І водночас це ще одна можливість бути поруч із дитиною не «поміж іншим», а по-справжньому. Через прості спільні дії, «нумо разом», через моменти, які напозір не здаються важливими, але стають такими.

Нехай ця книжка стане для вас не лише збіркою рецептів і завдань, а цікавим способом прожити це літо разом. Смачного вам! 🙂

Запрошую також до спільних роздумів і буду рада, якщо бодай одна моя думка знайде відгук у ваших серцях.

Нагадаю метафору садівника з батьківських сторінок весняної книжки. Бути поруч із дитиною — це як бути садівником. Ми створюємо умови для свого саду: поливаємо, за потреби затінюємо чи, навпаки, виставляємо рослини на сонечко, дбаємо, прибираємо бур'яни… і даємо час. Так і з дитиною — вона як молодий сад, сповнений різноманітними «зернятками» й паростками. Деякі з них є в ній уже від народження, щось вона несвідомо переймає від нас, а щось «сіємо» ми — своїми словами, діями й ставленням. І цей «сад» потребує часу та догляду.

Ми не можемо змусити рослини рости швидше. І дитину теж. Пам'ятаєте сторінку з полуничними грядками? Марно сердитися на зелену полуницю — від цього вона не стане стиглою. А нам часом так хочеться зібрати плоди своїх зусиль уже наступного дня! Ми щось сказали, і дитина має «послухати» — одразу застосувати. Але це так не працює.

Перше, що значно зменшує напруження у взаємодії з дітьми, — це вміння подивитися на них як на зелені полунички. 🙂

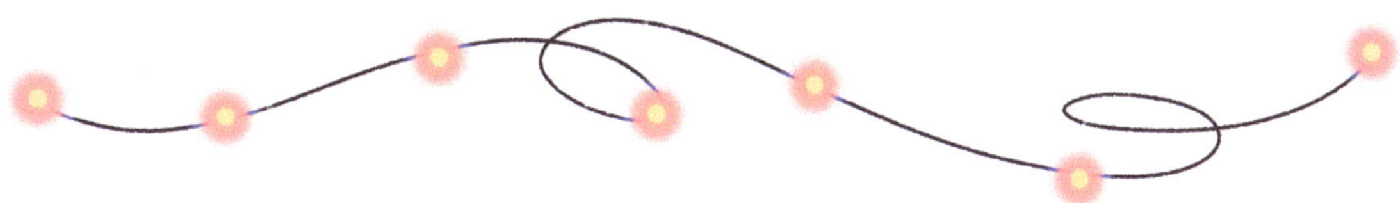

Друге: пам'ятаймо про те, *що саме* ми як садівники «поливаємо» своєю увагою. Коли дитина замішує тісто і розсипає борошно — це ще не про неакуратність як сформовану рису, це про процес навчання. Це не незграбність, а перші кроки до майбутнього вміння. Саме в такі моменти ми обираємо, що ростиме в нашому саду, — коли обираємо свою реакцію. Що це буде: сердите «Знову ти наробив / наробила шкоди!» чи лагідне «Нічого, приберемо, в мене теж часом розсипається» (або навіть «Ох це бешкетне борошно, так і вистрибує з миски!»), після якого ми готуємо далі, зміщуючи акцент із промахів на те, що дитині вдається?

За час своєї роботи з дітьми (а це понад 10 років) я ще не зустрічала дитини, яка б свідомо, навмисне щось розсипала чи розлила. До того ж коли це стається, малята й самі засмучуються. Тож наше завдання — підбадьорити, не дати їм повірити у свою невмілість. Підтримка — це «Я поруч, навіть коли не виходить ідеально» і «Ми тренуємось».

А ще (таки напишу) важливо бути із собою чесними і відверто відповісти на запитання: ми затіяли цю діяльність, щоб переконатися, що готувати з дитиною — не наше, що без нас вона нічого не може, бо ще замала / невміла / незграбна, чи нам справді цікаво бути поряд і радіти її першим вдалим спробам?

Жодна навичка не з'являється одразу, просто щось ми опановуємо швидше й легше, майже механічно, а щось потребує часу і застосування відповідної технології.

У будь-якій діяльності (і в кулінарії також) процес набуття навички має такий вигляд:

1. Дорослий щось робить — дитина спостерігає.

2. Дитина й дорослий роблять це разом.

3. Дитина пробує зробити це сама, дорослий поруч.

4. Дитина робить це самостійно.

Цей процес добре описаний у педагогіці. Видатний педагог Лев Виготський говорив про зону найближчого розвитку. Згодом психолог Жером Брунер увів концепцію підтримки (scaffolding — «риштування»): він порівняв навчання дитини з будівництвом, на якому дорослий спочатку створює

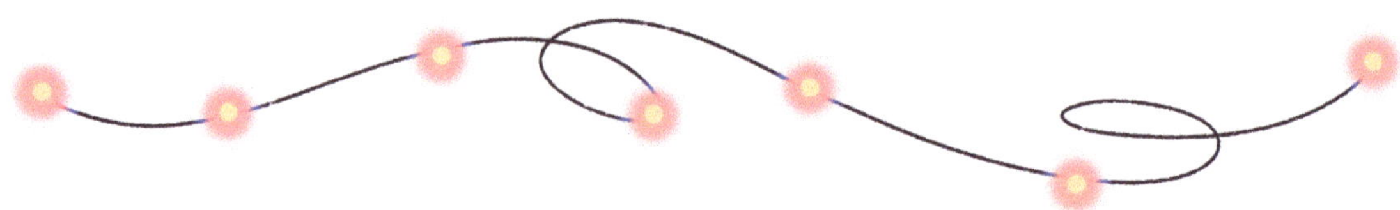

своєрідні «риштування» — допомагає, підказує, підтримує. А згодом, коли конструкція міцнішає, «риштування» обережно прибирають. Так само і з дитиною: те, що спочатку робиться разом, з часом стає її власним умінням.

Саме тому ця серія книжок призначена для спільного з дитиною приготування. І водночас із цими книжками дитина зростає у своїй самостійності.

Подані тут рецепти були неодноразово протестовані в різних групах діток, зокрема різних за віком. Але навіть у групах «зі стажем» я не залишала малят із рецептами сам на сам. Я була поряд (приміром, у ролі фотографа чи відеооператора) і підстраховувала (аби ненароком не переплутались мірні чашки та ложки). У жодному разі не можна повністю перекладати відповідальність за результат на плечі дитини. Як, до речі, і за вибір рецепту. Це в нашій книжці вони перевірені, а на просторах інтернету малеча може вибрати й київський торт, до приготування якого не кожен дорослий «доріс».

Одне слово, самостійність і *вмілість* вирощують за певною технологією. І коли щось «не працює» — варто підкоригувати технологію.

Спочатку все відбуватиметься повільно й невпевнено, з помилками і похибками, але неодмінно настане час (якого не так уже й довго чекати), коли ви разом радітимете успіхам.

Кожне впевнене «вмію» — це результат певної кількості спроб (і в кожного ця кількість своя). Та якщо зупинити дитину на перших кроках, вона не дійде до впевненості. Отже, підтримуймо дитину вірою в неї й терпляче спостерігаймо за її зростанням.

Звісно, ми не формуємо всі навички одночасно, бо маленьке дерево не може втримати надто багато плодів, але й не відкладаємо на «коли виросте», бо діти вже зараз хочуть бути причетними до життя дорослих. А кулінарія — це не лише по-дорослому, а ще й цікаво та смачно. 🙂 У цих простих моментах поруч, у спільній діяльності й народжується те, що є справді важливим: упевненість, уміння, уважність і внутрішня опора.

Тож розвивайтеся смачно!

З повагою і любов'ю
Наталія Прокопчик

Про авторку

Наталія Прокопчик родом із Кам'янця-Подільського — одного з наймальовничіших міст України, відомого своєю середньовічною фортецею та багатою культурною спадщиною.

Педагогиня-дошкільниця, випускниця Національного педагогічного університету імені М. П. Драгоманова (Україна, Київ).

Авторка книжки «Кулінарія з дітьми або дещо більше», а також статей у фахових журналах «Дошкільне виховання», «Палітра педагога», «Джміль».

Має понад 10 років досвіду проведення кулінарних занять для дітей в Україні та США. Сьогодні живе в Лас-Вегасі, штат Невада, де продовжує популяризувати кулінарію як педагогічний інструмент розвитку дитини.

Наталія називає життя духовною кухнею, на якій щодня разом із Головним Шефом людина «готує» своє життя. У своїй педагогічній практиці авторка досліджує, як прості щоденні дії можуть ставати основою для розвитку важливих життєвих навичок, самостійності, відповідальності та внутрішньої опори дитини.

Книжки серії «Розвивайся смачно» поєднують у собі глибоко продуманий педагогічний підхід і затишні ілюстрації, що разом створюють багаторівневий простір, у якому дитина зможе діяти, гратися, пробувати й у власному темпі долучатися до світу дорослих, ідучи шляхом «смачного» розвитку.

Можливо, ви лише відкриваєте для себе книжки цієї серії, а може, вони вже стали частиною вашого життя. Авторці було б дуже цікаво дізнатися про ваш досвід.

Діліться своїми враженнями, незабутніми кулінарними моментами чи дитячими відкриттями у соцмережах за хештегом:

#розвивайся_смачно

Або у приватному форматі:

natalia@natawithkids.com

Про новини проєкту ви можете дізнатися на сайті

natawithkids.com

Готуй кожен свій день з любов'ю